DÉFENSE

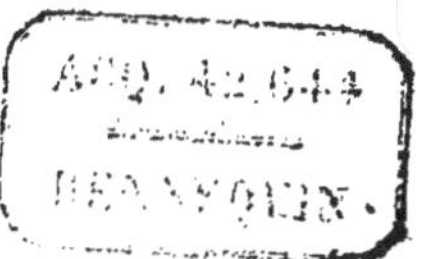

DU

DROIT DE PROPRIÉTÉ,

DANS SES RAPPORTS

AVEC LES FORTIFICATIONS

DES VILLES DE GUERRE

ET LES TRAVAUX PUBLICS;

CONTRE les Entreprises inconstitutionnelles
du Ministre de la Guerre.

par M. P. J. Briot

PARIS.

LE NORMANT, IMPRIMEUR-LIBRAIRE.

1817.

AVERTISSEMENT.

Cet Ecrit devoit simplement être soumis aux Conseils de Sa Majesté, dans la discussion d'une affaire plus intéressante encore sous le rapport des principes que sous celui des conséquences dans leur application; un incident, dont on s'abstient de parler, oblige à lui donner de la publicité.

Depuis plus d'un an, des réclamations nombreuses ont été adressées au ministère de la guerre; un Mémoire raisonné, présenté au trône par une ville importante, a été renvoyé au Ministre; les démarches les plus actives ont été faites près de S. Exc. pour obtenir qu'elle voulût bien s'occuper de la pénible situation d'une foule immense de propriétaires, et donner ou provoquer une décision sur des questions qui méritoient un examen approfondi; et jusqu'à ce jour on n'a pu obtenir ni réponse, ni même la certitude que le ministre vouloit bien prendre en considération les plaintes qui lui ont été soumises.

Ce n'est pas peu de chose, cependant, que deux ou trois cent millions peut-être de propriétés frappées par une jurisprudence oppressive; mais, ce qui est pis encore, c'est un système arbitraire et dévastateur qui, par ses conséquences, menace toutes les propriétés, et ébranle les fondemens du droit qui les garantit.

Si le Ministre de la guerre, en bâtissant ou réparant une forteresse, peut disposer à son gré des propriétés qui l'entourent, et s'établir, en tout ce qui les concerne, partie, juge et exécuteur, désormais les propriétaires ne verront plus qu'avec effroi les travaux entrepris ou autorisés par le gouvernement dans le voisinage de leurs propriétés ; et ce qui doit devenir un bienfait sera changé en source d'alarmes et d'injustices.

Il faut bien employer le seul moyen que le ministre ait laissé, de faire parvenir jusqu'à lui des réclamations légitimes, et de lui faire connoître toute l'importance d'une question qu'il n'a pas encore examinée ; car on se plaît à croire que s'il la connoissoit bien, il auroit adopté un autre système, et se seroit conformé aux dispositions de la constitution et des lois.

Un des plus grands bienfaits du gouvernement représentatif est de mettre quelquefois les ministres dans la nécessité d'approfondir des affaires qu'ils avoient d'abord négligées ou traitées légèrement, par l'avis que la presse vient leur donner qu'ils pourroient dans la suite avoir à s'en expliquer avec les chambres législatives, et à rendre compte à S. M.

Cette seule réflexion suffiroit pour attacher tout homme de sens à une constitution qui garantit cet immense avantage, en l'appuyant sur la liberté qu'elle a voulu accorder à la presse.

P.-J. Briot.

Paris, 12 août 1817.

DÉFENSE
DU DROIT DE PROPRIÉTÉ,

DANS SES RAPPORTS

AVEC LES FORTIFICATIONS

DES VILLES DE GUERRE

ET LES TRAVAUX PUBLICS;

CONTRE les Entreprises inconstitutionnelles du Ministre de la Guerre.

DES réclamations nombreuses ont provoqué l'examen d'une question très-importante, qui paroît devoir être soumise aux Conseils de Sa Majesté.

Il s'agit de connoître et de préciser l'étendue du droit de propriété, de fixer les limites de l'autorité du gouvernement sur les propriétés privées, de manière à concilier l'intérêt public avec les droits des particuliers; de savoir, par exemple, si le gouvernement qui ne peut pas disposer d'une propriété privée, sans une indemnité préalable, peut imposer sur elle des servitudes qui en diminuent notablement la valeur, ou si, pour la détruire et se dispenser d'indemniser le propriétaire, il lui suffiroit de faire des réglemens qui empêcheroient celui-ci de la réparer et d'en prévenir la ruine.

On voit au premier coup d'œil ce que cette question a d'importance, comment elle se rattache à tous les principes qui fondent le droit de propriété, et quelles pourroient être les conséquences de la décision dont on doit s'occuper.

Afin de pouvoir mieux aborder cette discussion, il convient d'exposer les faits qui y ont donné lieu.

Les anciens édits du Roi, la loi du 10 juillet 1791, avoient fixé à deux cent cinquante toises la limite du rayon des fortifications des villes de guerre, et décidé que les propriétaires qui feroient des constructions dans l'intérieur de ce rayon, n'auroient droit à aucune indemnité, en cas de démolition pour cause de guerre.

Cette disposition étoit en vigueur depuis plus d'un siècle, lorsqu'un décret du 9 décembre 1811, rendu hors des formes voulues par la constitution de l'Etat, tout en ayant l'air d'ordonner et de régler l'exécution des lois précédentes, porta à mille mètres la limite du rayon dans lequel il étoit défendu de faire des constructions.

Cè décret avoit été laissé sans exécution, pendant les deux guerres successives que la France a soutenues sur son territoire; on vient d'en commencer l'exécution en pleine paix, et voilà tout à coup une quantité immense de propriétés, généralement les plus productives, frappées de destruction et de stérilité.

Les propriétaires et les villes ont réclamé : dans un premier Mémoire soumis depuis long-temps à

Sa Majesté, une ville intéressante avoit sollicité la révocation d'un décret illégal, et le rétablissement de l'ancienne limite du rayon des fortifications : les réclamans avoient cru que des mesures fixées depuis un siècle, approuvées par Vauban, confirmées et maintenues par l'Assemblée constituante, et depuis pendant vingt-trois ans de campagnes continuelles, étoient sages et suffisantes ; mais il paroît qu'on a cru qu'ils se trompoient, et que ce n'étoit point à eux à discuter une pareille question : en conséquence, ils l'abandonnent volontiers à la décision du Ministre de la guerre, et ils se sont bornés à ce qui concerne leurs droits de propriété.

Il faut donc examiner les questions qui résultent des mesures qu'on veut prendre.

1°. Le gouvernement peut-il frapper des propriétés d'une servitude qui en diminue notablement la valeur, sans indemniser les possesseurs ?

2°. Peut-on appeler simple servitude, la défense de réparer et d'entretenir des maisons et des clôtures, et cette défense n'est-elle pas au contraire à peu près équivalente à la destruction de ces propriétés ?

D'où suit une troisième question.

3°. Le gouvernement, voulant la destruction des propriétés et clôtures, peut-il se dispenser d'indemniser les propriétaires, en se bornant à des défenses de réparer et d'entretenir, qui amènent nécessairement et avant peu une ruine totale? Ces défenses ne sont-elles pas au contraire une atteinte au droit de propriété, qui donne lieu à une indemnité ?

Exposons d'abord le système qu'on paroît avoir voulu opposer aux propriétaires et les objections qui leur sont faites, autant toutefois qu'ils ont pu se mettre par leurs démarches, à portée de les soupçonner (1).

OBJECTIONS.

Les propriétaires situés dans le rayon des fortifications ont tort de se plaindre, on ne démolit point encore leurs maisons et clôtures, on leur défend simplement de les réparer et de les entretenir, et même on leur accordera, selon les lieux, quelques facilités pour l'entretien; on ne leur doit donc rien, à moins que, par la suite, on ne vienne à démolir ces maisons.

C'est un malheur pour les propriétés qui sont dans cette position, mais elles sont frappées d'une servitude nécessaire à la sûreté des places de guerre : que le gouvernement étende cette servitude plus ou moins, il ne doit aucune indemnité aux propriétaires ; quoiqu'il n'y ait aucune législation particulière qui l'ait ainsi établi, il est clair que le gouvernement a le même droit, depuis deux cent

(1) Car ils n'ont obtenu aucune réponse à leurs réclamations, et ils ignorent même si S. Exc. le ministre de la guerre a daigné les prendre en quelque considération, d'où naîtroit une autre question. Jusqu'à quel point les dépositaires de l'autorité peuvent-ils rendre illusoire le droit de pétition garanti aux citoyens par la constitution de l'Etat, en ne faisant aucune réponse, et en ne donnant aucune suite à leurs réclamations ?

cinquante à cinq cent ou mille toises des remparts des places de guerre, qu'il avoit dans les deux cent cinquante toises formant l'ancien rayon, et alors on ne lui a pas réclamé d'indemnité : enfin on peut appliquer à ces propriétés les lois et réglemens sur la voirie publique, en les assimilant à celles qui se trouvent sur les rues et places des villes, le long des canaux et grandes routes, et pour lesquelles on n'accorde pas d'indemnité, lorsqu'on fait reculer le propriétaire, pour des motifs d'alignement ou autres semblables.....

Si quelque autre objection est faite aux propriétaires, ils l'ignorent complétement. En attendant on va voir s'ils ont des raisons assez évidentes pour réfuter celles-ci.

RÉPONSES.

Et d'abord, est-il bien exact de dire, que quand même le gouvernement auroit autrefois disposé des propriétés particulières sans indemnité, il le pourroit de même aujourd'hui? alors l'étendue du droit de propriété étoit-elle bien connue et bien garantie? Les limites entre les pouvoirs du souverain et les propriétés des particuliers étoient-elles bien fixées?

Aujourd'hui c'est autre chose; la Charte constitutionnelle consacre une doctrine contraire, en termes très-précis :

Art. 9. « Toutes les propriétés sont inviolables. »

Art. 10. « L'Etat peut exiger le sacrifice d'une

» propriété, pour cause d'intérêt public légalement
» constaté, mais avec une indemnité préalable. »

Le Code civil a ajouté en développement les dispositions suivantes :

Art. 544. « La propriété est le droit de jouir et
» disposer des choses de la manière la plus absolue,
» pourvu qu'on n'en fasse pas un usage prohibé
» par les lois et par les réglemens. »

Art. 545. « Nul ne peut être contraint de céder
» sa propriété, si ce n'est pour cause d'utilité
» publique, et moyennant une juste et préalable
» indemnité. »

Certés, il est probable que si cette Charte et cette législation eussent existé, Louis XIV auroit mal accueilli le père Le Tellier, lorsque celui-ci, pour apaiser sa conscience alarmée des tributs qu'on lui faisoit exiger de son peuple, vint dire à ce grand Roi qu'il étoit propriétaire des biens de tous ses sujets, et pouvoit en disposer comme bon lui sembloit.

Il est bien moins vrai encore que les édits et les lois qui avoient fixé autrefois le rayon des fortifications, aient porté une atteinte aussi grave qu'on le suppose au droit de propriété; malgré les nuages qui existoient alors sur l'étendue de ce droit, plusieurs de leurs dispositions ont consacré clairement le droit des propriétaires à une indemnité en différens cas ; et pour s'en convaincre, il suffit de rappeler les art. 18 et 33 de la loi du 10 juillet 1791 (1), qui n'avoit guère fait que réunir et remettre en vigueur les dispositions des anciens édits, notamment de celui du 31 décembre 1776, qu'il est facile de consulter.

Maintenant, soyons de bonne foi : quelle grande différence y a-t-il entre démolir aujourd'hui une maison et des murs de clôture, et défendre de les réparer et de les entretenir, de manière à ce qu'en peu d'années leur ruine soit assurée, à supposer même qu'un accident, un orage ne viennent pas l'accélérer? On convient qu'on doit en payer la valeur si, par la suite, on venoit à les démolir en cas de siége ; n'est-il pas clair que, puisque leur ruine devient assurée, plus tôt ou plus tard, par suite de la défense, on doit l'indemnité à l'instant même où on la fait, ou tout au moins à la première réparation à laquelle on s'opposera? D'un autre côté, n'est-il pas évident qu'au moment même de la défense, ces propriétés perdent la plus forte partie, et quelques-unes la presque totalité de leur valeur, et qu'elles sont désormais avilies pour

---

(1) Art. 18. *Les particuliers qui, par les dispositions de l'art. 17 ci-dessus, perdront une partie du terrain qu'ils possèdent, en seront indemnisés par le trésor public, s'ils fournissent le titre légitime de leur possession.*

Art. 33. *Les indemnités, prévues par les art.* 30, 31, 32, *seront dues néanmoins aux particuliers si, lors de la construction de leurs maisons, bâtimens et clôtures, ils étoient éloignés des crêtes des parapets des chemins couverts les plus avancés de la distance prescrite par les ordonnances.*

toujours dans les ventes, les partages, et toutes les transactions? Qui veut d'une maison que bientôt il ne pourra plus habiter, d'une propriété que le défaut de clôture va livrer à toute sorte de dommages? On convient qu'on la paieroit si le gouvernement en démolissoit une partie; donc on doit payer aussi la diminution de valeur, qui est la suite nécessaire des mesures qu'on veut exécuter.

Voici une preuve irrécusable que ce système n'a d'autre but que celui d'assurer la destruction de ces propriétés, en se dispensant d'accorder l'indemnité voulue par la loi. Comment opère le ministère de la guerre pour la liquidation des indemnités dues pour les démolitions qui ont eu lieu? Les experts ont refusé de porter en estimation la valeur des clôtures détruites, parce que cela leur étoit défendu par les agens militaires, attendu, disoient ceux-ci, que, par suite de la défense de réparer ces clôtures, elles étoient censées ne plus exister: quand donc un jour on fera de pareilles démolitions, on fera aussi la même objection; et si on n'est pas plus écouté dans les réclamations qui se feront alors qu'on ne l'a été cette fois-ci, il est bien évident que le ministre de la guerre sera parvenu à son but de détruire les propriétés sans aucune indemnité.

Examinons maintenant si la mesure projetée peut se considérer comme une simple servitude, qui ne donneroit lieu à aucune indemnité.

Ces propriétés peuvent se diviser en deux classes:

les unes encore dans l'état de champs, de vignes, de jardins ouverts, n'ont aucune construction qui en augmente le prix; les autres ont des maisons, des établissemens d'industrie et d'exploitation, des clôtures, des murs d'appui et de soutenement de terres qui en augmentent considérablement et quelquefois en forment toute la valeur.

Laissons dans le doute la question de savoir si, oui ou non, il y a lieu à réclamer une indemnité pour les premières: il est évident que la prohibition d'une construction, d'une amélioration qui n'existe pas, et à laquelle le propriétaire n'auroit peut-être jamais songé, ne pourroit pas donner lieu à une indemnité considérable. Ces propriétaires ne réclamant pas en ce moment, la discussion de la question qui les concerne entraîneroit trop loin, parce qu'il faudroit examiner le sens absolu de l'art. 544 du Code civil, et préciser jusqu'à quel point le gouvernement peut faire des lois ou des réglemens qui restreignent plus ou moins le droit de propriété sans indemniser les possesseurs (1).

(1) On pourroit soutenir que, quand le gouvernement fait des ordonnances et des réglemens qui limitent la jouissance des propriétés en général, ou de telle classe générale de propriétés dans tout le royaume, il n'y a lieu à aucune indemnité, parce que, d'un côté, l'effet de la réunion en société est d'investir l'autorité souveraine de tout ce qui concerne la police générale, et que, de même que l'homme, en ce cas, fait le sacrifice d'une partie de sa liberté pour mieux en garantir le reste, de même le propriétaire a limité son droit de propriété, afin de lui assurer la protection de la société entière; et que, de l'autre côté, dès que les lois de police portent sur toutes les propriétés, ce seroit en résultat le citoyen qui s'indemni-

Mais il en est bien autrement pour toutes les propriétés dont les constructions et les améliorations ont augmenté la valeur : ce seroit un singulier genre de servitude, que celui qui entraîneroit la destruction immédiate plus ou moins prompte d'une propriété, et ce n'est pas ainsi que l'article 637 du Code civil a défini ce que c'est que servitude (1).

On connoît la nature des propriétés qui environnent les places de guerre, ce sont des maisons de campagne, des fabriques, des auberges, des établissemens d'industrie ou d'exploitation, des jardins, etc., etc.; toutes ces propriétés sont en général les mieux cultivées et les mieux entretenues et portées au maximum de leur valeur, et le gouvernement le sait tellement, qu'il les considère presque toutes comme de première classe dans la fixation des contributions : ce sont elles qui fournissent habituellement les marchés des villes qu'elles entourent; les constructions, les clôtures ont triplé, décuplé leur valeur, et forment la valeur totale d'un grand nombre; la seule défense de les réparer leur ôte dé-

---

seroit lui-même ; tandis qu'il n'en est pas ainsi lorsque les prohibitions ou les servitudes ne frappent que sur certaines localités et sur certaines portions, parce qu'alors les particuliers souffrant pour le bien général un dommage sans compensation, ils doivent être indemnisés par l'Etat. Mais, on le répète, cette discussion, quoique tenant aux principes fondamentaux du droit de propriété, et pouvant devenir importante par ses conséquences, est sans un grand intérêt dans l'affaire actuelle.

(1) Art. 637. *Une servitude est une charge imposée sur un héritage pour l'usage et l'utilité d'un héritage appartenant à un autre propriétaire.*

sormais tout leur prix, et doit les réduire avant peu à l'état de champs et de prés ouverts; est-il possible de soutenir qu'on peut faire souffrir aux propriétaires un dommage aussi énorme, sans les indemniser?

Mais, dit-on, on ne les démolit pas de suite, on accordera des adoucissemens, on permettra un certain mode d'entretien, certaines menues réparations, etc., etc...... Il semble entendre ce mot d'un homme tristement fameux dans la révolution (1): *Il ne faut pas les tuer, il faut les faire mourir.*

Et d'abord il reste toujours que le premier résultat de la mesure, est de diminuer dès à présent de plus de moitié la valeur de ces propriétés dans toutes les espèces de transactions; il n'y a pas de réponse à ce fait: qu'on décide que la plus belle et la plus solide maison de Paris sera rasée dans un siècle, et on verra demain quelle sera la différence dans le prix qu'on en trouvera.

Mais c'est ici le lieu d'examiner en quoi consistent ces facilités qu'on paroît vouloir accorder aux propriétaires, et de dire un mot de la singulière jurisprudence introduite en cette matière par le ministère de la guerre: ici le ministre s'est établi partie, juge et exécuteur; on commence par mesurer le rayon des fortifications, et en placer les limites d'une ma-

---

(1) C'est le même qui, dans une grande circonstance, dictant une loi de proscription, et voyant la répugnance qu'on avoit à y ajouter la confiscation des biens, créa la phrase *dessaisir du droit de propriété*, et enrichit notre législation de cette locution nouvelle.

nière arbitraire, en suivant ou ne suivant pas (1) les réglemens à cet égard, sans le concours des propriétaires, sans qu'ils soient avertis, et qu'ils puissent dire leurs raisons ni faire vérifier le mesurage : les propriétés passent aussitôt sous la police militaire; des gardes des fortifications les parcourent, y entrent à leur plaisir, et sans suivre aucune formalité; à la moindre réparation, au moindre mouvement de terre, au moindre creusage que veut faire le malheureux propriétaire, il est sujet à des vexations qui dépendent de l'affection plus ou moins grande que les gardes peuvent lui porter : remet-il quelques pierres à sa maison, à la brèche de sa clôture, veut-il faire une petite aisance dans sa propriété, s'il le fait sans prévenir et obtenir la permission, il est arrêté et conduit au corps-de-garde, on saisit les outils de ses ouvriers et les ouvriers eux-mêmes; peu de jours après, sans qu'il ait été entendu, il voit arriver un détachement qui détruit le double de ce qu'il avoit réparé, et il faut qu'il en paye les frais sur un ordre du commissaire des guerres : s'il demande la permission auparavant, comme il faut qu'il l'obtienne du ministre, qui répond ou ne répond pas, comme bon lui semble, il faut qu'il attende que de longues formalités soient remplies; pendant ce temps, une brèche, un dommage que peu de chose auroit réparé, s'est notablement aug-

(1) Comme cela s'est pratiqué à Besançon, par exemple.

menté; et quand la permission vient, la dépense à faire est décuplée: si elle est refusée, il faut que la propriété périsse, et à chaque tolérance accordée, on a bien soin de stipuler la condition de démolition sans indemnité, afin de s'en prévaloir pour se dispenser d'indemniser quand on détruira la propriété, comme on le fait en ce moment pour les démolitions qui ont eu lieu dans les deux dernières campagnes, d'où il résulte en définitive que toutes les tolérances qu'on paroît vouloir accorder, sont beaucoup plus nuisibles aux propriétaires, beaucoup plus contraires à leurs intérêts, que ne le seroit la mesure de démolir dès aujourd'hui, parce qu'ils seroient indemnisés, et ne seroient plus exposés à aucune inquiétude, à aucune injustice.

Il convient à présent d'apprécier la principale et même la seule forte objection qui ait été faite, et qui consiste dans l'assimilation prétendue des propriétés à comprendre dans le rayon des fortifications, à celles soumises aux lois et réglemens sur la voirie publique.

La première chose à dire est qu'il n'y a pas de parité : la loi a pu considérer qu'en grevant de quelque servitude les propriétés situées sur les rues, les places, les canaux et les grandes routes, en exigeant soit le reculement, soit le sacrifice de quelques portions de terrain, les propriétaires se trouvoient dédommagés par l'amélioration que le voisinage des canaux, des routes et des places, l'élargissement des rues, pouvoit assurer à leurs propriétés; mais ici il ne s'agit ni de reculement, ni de la cession de quelques portions de terre ; il s'agit de la destruction entière de la propriété, un peu plus tôt, un peu plus tard, d'une diminution considérable de sa valeur dès à présent, et de pertes énormes que rien ne peut compenser. Il s'agit d'anéantir une foule de constructions d'agrément ou d'industrie, de frapper d'une espèce de stérilité des propriétés entières, et cela sans aucune compensation.

Mais admettons l'assimilation proposée, et voyons s'il est vrai que la législation sur la voirie publique ait établi le principe, qu'il n'est dû aucune indemnité aux propriétaires dont on exige des sacrifices.

Cette législation se trouve établie par les édits, déclarations du Roi, et arrêts du Conseil du mois de décembre 1607, d'août 1669, 16 juin 1693, 18 juillet 1729, 18 août 1730, 27 février 1765; par la loi du 22 juillet 1791, et celle du 16 septembre 1807, et par un grand nombre de lettres ministérielles, d'avis du Conseil d'Etat et de décisions particulières : on peut se convaincre, en les consultant, que toujours on a reconnu le droit des propriétaires à être indemnisés, toutes les fois qu'on disposoit de leurs propriétés pour l'intérêt public, et qu'à mesure qu'on a remis en vigueur les anciennes dispositions, ou qu'on y a ajouté postérieurement, on a encore mieux développé l'étendue du droit de propriété : il y a même quelque chose de plus remarquable, c'est que ces différentes lois, lors même qu'elles n'ont pas confirmé textuellement le droit des propriétaires lésés à une indemnité, prouvent par leur contexture, leurs dispositions et leur esprit, qu'elles l'ont considéré comme un principe fondamental qu'il étoit superflu de rappeler.

Pour s'en convaincre, il suffiroit de citer les articles 50 et 51 de la loi du 16 septembre 1807.

Art. 50. « Lorsqu'un propriétaire fait volontai-» rement démolir sa maison, lorsqu'il est forcé de » la démolir pour cause de vétusté, il n'a droit à » indemnité que pour la valeur du terrain délaissé, » si l'alignement qui lui est donné par les autorités » compétentes le force à reculer sa construction. »

Art. 51. « Les maisons et bâtimens dont il seroit » nécessaire de faire démolir et d'enlever une por-» tion, pour cause d'utilité publique légalement » reconnue, seront acquis en entier, si le proprié-» taire l'exige; sauf à l'administration publique à » revendre les portions de bâtimens ainsi acquises, » et qui ne seroient pas nécessaires à l'exécution » du plan...... »

Cette loi a tellement reconnu le droit d'indemnité d'un propriétaire lésé pour motif d'utilité publique, qu'elle a établi la réciprocité en faveur de l'Etat, et qu'elle a décidé, article 30 :

« Lorsque par suite de travaux déjà énoncés » dans la présente loi, lorsque par l'ouverture » de nouvelles rues, par la formation de places » nouvelles, par la construction de quais, ou par » tous autres travaux publics généraux, départe-» mentaux et communaux, ordonnés ou approuvés

» par le gouvernement, des propriétés privées » auront acquis une notable augmentation de va- » leur, ces propriétés pourront être chargées de » payer une indemnité, qui pourra s'élever jusqu'à » la moitié des avantages qu'elles auront acquis. »

Et l'article 46 de la même loi a établi le mode de connoître et de fixer ces indemnités.

Il seroit facile de multiplier les citations; mais on croit pouvoir se borner à des exemples frappans.

L'édit d'août 1669 portoit, titre 28, article 7:

« Les propriétaires des héritages aboutissant aux » rivières navigables, laisseront le long des bords » 24 pieds au moins de place en largeur, pour » chemin et trait de chevaux, sans qu'ils puissent » planter arbres, ni tenir clôture ou haie plus près » de 30 pieds du côté où les bateaux se tirent, et » 10 pieds de l'autre bord, à peine de 500 livres » d'amende, de confiscation des arbres, et d'être » les contrevenans contraints à réparer et remettre » les chemins en état à leurs frais. »

Le décret du 22 janvier 1808, étendant ces dispositions à toutes les rivières navigables de la France, *soit que la navigation y fût établie à cette époque, soit que le gouvernement se soit déterminé depuis, ou se détermine aujourd'hui et à l'avenir à les rendre navigables*..... ordonne, art. 3:

« Il sera payé aux riverains des fleuves ou ri- » vières où la navigation n'existoit pas et où elle » s'établira, une indemnité proportionnée au dom- » mage qu'ils éprouveront, et cette indemnité sera

» évaluée conformément aux dispositions de la loi
» du 16 septembre dernier. »

Un autre décret du 11 janvier 1808, ordonnant l'exécution des déclarations et réglemens touchant les constructions prohibées autour de la ville de Paris, et hors l'enceinte de sa clôture, porte, art. 3:

« Il y a lieu à autoriser la ville de Paris à acqué-
» rir, comme pour cause d'utilité publique, et à
» la charge d'une juste et préalable indemnité, les
» maisons construites à moins de cinquante toises
» de distance de sa clôture (1). »

Un édit très-ancien avoit défendu les constructions entre le Louvre et les Tuileries; lors des démolitions qui ont eu lieu, on a voulu rappeler cette défense, et prétendre que la plupart de ces constructions étoient des usurpations faites dans les anciens fossés et les terrains de la ville de Paris et du gouvernement, et cependant on a fait indemniser tous les propriétaires sans exception.

Ces exemples prouvent assez quels sont les prin-

---

(1) Voilà un cas d'une identité frappante avec celui dans lequel nous raisonnons.

On auroit pu dire même qu'une ordonnance du bureau des finances, du 11 janvier 1789, ayant défendu de bâtir à moins de cinquante toises de distance du mur de clôture de Paris, il n'y avoit pas lieu à indemniser les propriétaires de maisons bâties depuis cette époque, et pourtant le décret ordonne que toutes ces maisons seront achetées sans distinction.

Combien n'est pas plus favorable la cause des propriétaires situés au-delà des deux cent cinquante toises des fortifications, puisque jamais aucune sorte de défense ne s'étoit opposée aux constructions et améliorations qu'ils ont faites !

cipes de la législation en matière de voirie. En consultant toutes les lois, soit anciennes, soit modernes, qui ont été rendues sur cette partie importante de l'administration publique, on ne trouvera rien qui contredise ce système, et qui y ait jamais dérogé, et on s'en convaincra encore davantage en consultant la circulaire du ministre de l'intérieur du 13 février 1806, relative à la voirie urbaine; circulaire fondée sur les déclarations du Roi des 16 juillet 1729 et 18 août 1730, et qui, trop longue pour être citée ici, mérite d'être consultée en son entier (1).

En voilà assez pour apprécier l'objection qu'on a

---

(1) Il est utile pourtant de rapporter le passage suivant de cette circulaire :

Ainsi, dans le cas où un maire voudroit faire démolir un bâtiment, parce qu'un étage supérieur tombe en ruine, le préfet auroit à faire observer à ce maire que la dégradation d'un étage supérieur ne peut être un motif pour condamner les parties inférieures ; de ce qu'une façade devra être reculée, il ne résulte point qu'on ne peut pas entretenir les parties supérieures ; car, s'il en étoit ainsi, du moment où le nouvel alignement seroit arrêté, on pourroit interdire au propriétaire tout entretien, même de la couverture établie sur cette façade, et CETTE DOCTRINE SEROIT ATTENTATOIRE A LA PROPRIÉTÉ : *elle seroit contradictoire avec le principe même qui l'établit, car on n'ajourne la démolition que pour épargner à la commune la nécessité de payer le prix de l'immeuble, et dans la supposition que le propriétaire n'ayant à le démolir que lorsqu'il tombera de lui-même en ruine, il subira une petite perte ; mais si on hâte cette ruine en empêchant le propriétaire de soigner même les parties supérieures de la maison, et si, parce qu'elles sont défectueuses vers le toit, on exige qu'il démolisse le tout, on rend illusoire l'ajournement accordé pour la démolition, et l'on rentre ainsi dans l'obligation, 1° de faire juger par le gouvernement qu'il est nécessaire de détruire sur-le-champ l'édifice ; 2° d'en payer le prix avant de commencer la démolition.*

voulu tirer de la législation sur la voirie publique ; afin d'affoiblir les droits des propriétaires situés dans le prolongement, quel qu'il soit, du rayon des fortifications.

Les mêmes principes, le même système ont été consacrés par les lois relatives aux terrains et au rayon des fortifications ; celles-ci sont plus connues de nos adversaires : il suffit de rappeler le titre premier de la loi du 10 juillet 1791, et notamment les art. 18 et 33 cités précédemment à la page 11 ; et cette loi fait encore législation en cette matière, car le décret du 9 décembre 1811, qui en règle l'exécution (1), et dont on commence seulement à se prévaloir contre les propriétaires, ne la modifie que quant à l'étendue du rayon.

---

(1) Pour se dispenser de raisonner avec les propriétaires on leur avoit répondu qu'ils s'appuyoient à tort sur la loi du 10 juillet 1791, attendu qu'elle avoit été abrogée par le décret du 9 décembre 1811, qui étoit désormais le seul à consulter : on a cherché à persuader le ministre de la foiblesse de cette objection, en se prévalant d'une autorité très-prépondérante, puisque c'est la sienne propre. Voici les termes de la circulaire par laquelle il a transmis le décret du 9 décembre, pour son exécution.

LE MINISTRE DE LA GUERRE *à MM. les généraux commandant les divisions militaires, les généraux commandant les départemens, et les directeurs des fortifications.*

MESSIEURS, *S. M. l'empereur et roi*, VOULANT FIXER DÉFINITIVEMENT LE MODE D'EXÉCUTION DE LA LOI DU 10 JUILLET 1791, *en ce qui concerne les bâtisses et clôtures dans les limites du terrain des fortifications, a rendu au palais des Tuileries, le 9 de ce mois, un décret qui a pour but* DE PRÉCISER ET DE COORDONNER, *relativement à l'effet des permissions de bâtir autour des places et des postes de guerre*, L'APPLICATION DE CETTE LOI, AINSI QUE DES AUTRES DISPOSITIONS LÉGISLATIVES ET RÉGLEMENTAIRES *sur cette partie de service*....

Il résulte donc clairement de ce qui vient d'être dit et de la législation qui a été rappelée, que si on décide définitivement que le rayon des fortifications sera prolongé au-delà de deux cent cinquante toises, terme où il étoit fixé autrefois, soit qu'on exécute le décret du 9 décembre 1811, soit qu'on fixe ce rayon à sept cent cinquante toises, comme on en a menacé un moment, soit qu'il soit définitivement porté à sept cent cinquante mètres, comme on paroît en avoir le projet, on doit ou indemniser les propriétaires qui se trouveroient lésés par cette mesure, ou acheter leurs propriétés, s'ils demandent à les abandonner, et qu'il est juste de reconnoître leurs droits dans l'ordonnance ou la loi dont on va s'occuper.

Mais il ne suffiroit pas de consacrer un principe, si le ministre de la guerre ou les agens du pouvoir militaire étoient les maîtres d'en éluder l'exécution à leur gré ; et ce que viennent d'éprouver les propriétaires, les injustices et les vexations auxquelles ils sont en butte, leur apprennent ce qu'ils ont à redouter pour l'avenir, et leur font solliciter avec instance qu'on veuille bien fixer enfin la jurisprudence à suivre d'une manière sage et équitable, et pour cela il reste des points essentiels à régler.

1°. De quelle manière seront reconnues et déterminées les indemnités dues aux propriétaires, et à quelle autorité pourront-ils avoir recours en cas de contestation?

La loi du 16 septembre 1807 avoit fixé la marche

à suivre; mais le ministre de la guerre n'ayant pas cru devoir s'y conformer, voici ce qui en est résulté : une quantité considérable de démolitions a eu lieu en 1814; on a commencé par donner aux agens militaires, sur la manière de liquider les indemnités, des instructions qui ont privé les propriétaires d'une partie de leurs droits, et ils n'ont pas même pu réclamer contre ces instructions, puisqu'on ne leur en a donné aucune connoissance, et qu'on n'a tenu aucun compte de leurs observations. Après avoir forcé les experts à suivre des bases qui ne leur permettoient pas d'évaluer selon leur conscience les pertes souffertes par suite des démolitions, on a envoyé le travail dans les bureaux de la guerre, qui ont successivement prescrit diverses formalités pour réduire toujours davantage les indemnités à accorder ou en retarder le travail. Les liquidations se font sans que les propriétaires soient entendus, et se rejettent ou se retardent sous divers prétextes, sans qu'ils connoissent même les objections qui leur sont faites. Ils sont obligés de venir à Paris, ou d'y faire solliciter à grands frais leur affaire; et un grand nombre n'ayant obtenu aucun résultat, s'est vu forcé de vendre à vil prix des créances incertaines. Ce travail se fait d'une manière telle, qu'il y a exemple de propriétaires auxquels on a écrit que leur liquidation étoit faite, et peu de jours après, qu'elle étoit rejetée, sans qu'ils sachent pourquoi. On fait écrire, par des agens militaires, aux intéressés que leur liquidation est terminée; et quand ils se présentent dans les bureaux sur la foi de ces lettres, ils trouvent que rien n'est fini; qu'il y a au plus une formalité de remplie, et qu'il n'y a plus que trois ou quatre bureaux à parcourir encore, et cinq ou six mois à attendre pour qu'ils puissent recevoir ce qui leur est dû, en valeurs moindres de plus du tiers de ce qu'ils ont si péniblement arraché..... Enfin, il n'y a aucun moyen de recourir contre des décisions évidemment erronées.... Voilà ce qu'il faut prévenir pour la suite, en ordonnant que les indemnités seront reconnues et réglées en conformité de la loi du 16 septembre 1807, sauf recours au conseil d'Etat en cas de contestation, comme pour toutes les matières contentieuses administratives...... ; autrement, toutes ces propriétés n'ont plus aucune autre garantie que la volonté du ministre ou de ses agens.

2°. Il convient de préciser de quelle manière sera mesuré le rayon des fortifications, quel qu'il soit. Ce mesurage importe trop aux propriétaires et aux villes pour être laissé à l'arbitraire : il est juste que les propriétaires soient avertis, et puissent être entendus; que les opérations se fassent de concert avec les autorités civiles; que dans le placement des limites les droits de tous soient respectés, et que la rigueur des lois et des réglemens militaires ne soit pas dépassée au détriment des propriétés et des villes, comme il a été fait, notamment à Besançon. Il faut aussi qu'un recours légal soit accordé contre la décision du ministre en cas de contestation.

3°. Ce qui est plus important encore, c'est de bien fixer les droits et les attributions de la police militaire à l'égard des propriétés comprises dans le rayon des fortifications. La manière dont on procède aujourd'hui est fort expéditive, et livre totalement les propriétés à la disposition des agens militaires inférieurs. Un garde des fortifications fait un rapport; si le propriétaire est averti, il réclame; s'il prétend que le rapport est inexact, on lui répond que cet agent militaire est assermenté, et qu'il n'y a d'autre ressource que l'inscription en faux contre son procès-verbal, qu'on ne communique pas même à la partie, et en attendant cette procédure en faux on démolit la propriété. Il résulte qu'un garde des fortifications peut demain faire détruire une maison séculaire, et surtout des clôtures à sa volonté: il suffit qu'il dise, dans un procès-verbal; qu'il s'est aperçu que c'est une construction récemment faite ou réparée. On répondra au propriétaire : Inscrivez-vous en faux contre le procès-verbal, et quelques jours après on viendra provisoirement détruire la propriété à main armée, et on fera payer au propriétaire les frais de l'opération. Quand on ne précipite pas de telles mesures, et qu'on fait auparavant des rapports au ministre de la guerre, les intéressés ne connoissent ni le rapport, ni ce qui peut se passer dans les bureaux, et les motifs qui peuvent déterminer le ministre; de sorte qu'en définitif, tout est jugé sur le seul procès-verbal du garde des fortifications, et sans que les propriétaires aient pu se faire entendre (1).

Dans les cas de contravention, il n'y a aucun intermédiaire entre les agens militaires et les propriétaires : les premiers, avec l'activité de César, viennent, jugent et détruisent; les autres cherchent inutilement de qui se faire entendre. Démolir est le grand mot des agens militaires, et c'est quand ils y mettent de la douceur, qu'ils disent au propriétaire: Démolissez dans trois ou huit jours pour tout délai, ou bien nous démolirons nous-mêmes à vos frais; il y auroit un tableau affligeant à faire de tout ce qu'éprouvent à cet égard les malheureux propriétaires : de là, leurs mécontentemens (2), leurs plaintes et leur lutte continuelle avec MM. les officiers du génie; de là, la position pénible de ces officiers, qui souffrent d'autant plus, qu'ils sont plus honnêtes et plus humains, et que non-seulement ils ne sont pas les maîtres d'accorder ou de tolérer ce qu'ils peuvent trouver juste et convenable, mais qu'on en a vu plusieurs, qui, tandis qu'ils étoient

(1) On pourroit citer des exemples de propriétaires qui, réclamant sur le rapport des gardes, ont demandé que quelque officier supérieur, soit M. le commandant d'armes, soit un des MM. les officiers du génie, voulussent bien voir par eux-mêmes, reconnoître la situation des propriétés en leur présence, et juger leurs raisons sur les lieux mêmes, et qui n'ont pas pu l'obtenir.

(2) Mécontentemens quelquefois d'autant plus fondés que, comme il est inévitable que les gardes aient leurs rapports et leurs affections, il résulte quelquefois dans les mesures de rigueur une partialité qui augmente les murmures.

trouvés trop sevères par les propriétaires et les autorités civiles, essuyoient du ministre de la guerre, des reproches d'être trop complaisans envers les citoyens, et des menaces de perdre leurs places, et qui se sont vus forcés à des rigueurs auxquelles leur conviction et leur cœur répugnoient.

Tant que des mesures claires et uniformes n'empêcheront pas l'arbitraire et les abus en cette matière, il y aura des discussions avec MM. les officiers du génie, et des haines entr'eux et les propriétaires et les autorités civiles, et ceux-ci seront toujours plus ou moins disposés à la résistance, par la raison simple, que se sentant vivement atteints dans leur droit de propriété, et ne voyant clairement ni l'utilité de ces mesures ni la justice dans leur application, ils ne sont ni admis à défendre leurs droits, ni même écoutés dans les réclamations qu'ils croient fondées.

C'est une absurdité manifeste qu'une jurisprudence, d'après laquelle un garde des fortifications peut demain faire détruire une propriété, sans que le propriétaire soit au moins entendu; qui constitue les agens militaires partie, juges et exécuteurs dans leur propre cause, et les autorise à disposer arbitrairement de plus de deux cent millions peut-être de propriétés, au détriment des possesseurs, en vertu d'une simple circulaire ministérielle.

Le droit de propriété a aussi sa légitimité, et ce n'est pas la moins sacrée dans tout gouvernement raisonnable : il faut donc qu'il y ait une autorité qui puisse prononcer eutre les agens militaires et les propriétaires, qui écoute les réclamations de ceux-ci, qui juge les contestations qui peuvent naître en cas de contravention, et à laquelle enfin on puisse avoir recours, même contre les décisions ministérielles qu'on pourroit croire contraires aux lois et au droit de propriété. Seroit-il possible que dans un Etat constitué, où les citoyens ont des tribunaux de toute espèce, pour prononcer d'après des formes lentes et conservatrices, sur des intérêts de la moindre valeur, sur les plus légères contraventions de police, un simple garde des fortifications puisse faire décider du sort de propriétés considérables, et faire infliger des peines (1) aux possesseurs sans même qu'ils soient entendus ?

Il convient donc de décider, ou que les tribunaux jugeront des contestations soit de propriété soit de police y relatives (2), ou tout au moins que le mi-

---

(1) A moins qu'on ne prétende que ce n'est pas une peine que l'arrestation des ouvriers, et quelquefois du propriétaire, la saisie des outils et le paiement des frais de démolition arbitrairement ordonnés...... et on a le droit de dire *arbitrairement*, quand même il y auroit eu réellement contravention, parce que tout ce qui ne provient pas d'une autorité légale, et qui a entendu et pesé la défense, est arbitraire sous un gouvernement constitutionnel.

(2) C'est ici le lieu de citer un fait qui prouveroit que le ministère de la guerre a été d'abord très-incertain sur la jurisprudence à établir, et l'a établie très-légèrement. Un rapport ayant été fait sur une contravention, la direction des fortifications fit traduire le propriétaire au tribunal correctionnel; peu de jours après, ayant retrouvé une lettre ministérielle, qui, dans un cas semblable, avoit tracé la marche expéditive de faire démolir, aux frais du propriétaire, sans porter l'affaire à aucun tribunal, les agens militaires firent plaider l'in-

nistre entendra les parties avant sa décision, et qu'en cas de réclamation, il pourroit y avoir recours au conseil d'Etat, comme en toute autre matière contentieuse administrative.

Quant aux mesures de tolérance qui peuvent avoir lieu dans l'étendue du rayon, on conviendra franchement que c'est au ministre seul qu'il appartient de les fixer, et de les étendre ou les restreindre à son gré, parce qu'il s'agit de faveurs qui dépendent ou des localités, ou des projets et des travaux des agens militaires, et dont le ministre doit être le seul juge. Mais ces mesures une fois adoptées, il ne doit pas régner d'autre arbitraire ni pour les contraventions, ni pour la disposition des propriétés.

On sentira facilement que toutes ces dispositions doivent être déterminées par une loi, ou par une ordonnance ou réglement d'administration publique, et bien clairement précisées, avant qu'on puisse connoître les indemnités qu'il peut y avoir lieu d'accorder; car il est évident qu'elles dépendent de ces mesures, et du plus ou moins de garantie qui sera accordé aux propriétés. Dans l'état actuel des choses, il n'est aucun propriétaire qui ne tremble à l'idée de voir sa propriété comprise dans le rayon des fortifications, ou seulement en être voisine, et qui ne fasse la demande de l'abandonner et de la céder au gouvernement, si on persiste dans un pa-

---

compétence du tribunal auquel ils s'étoient d'abord adressés, attendu, disoient-ils, que c'est au ministre seul qu'il appartient de juger ces sortes d'affaires.

reil système. Si au contraire, la législation est bien établie, les propriétés reprendront une valeur proportionnée aux chances à courir, aux mesures de tolérance ou de rigueur qui seront adoptées, à la justice avec laquelle les indemnités seront fixées et les lois de police appliquées, et il deviendra très-facile alors d'évaluer les indemnités, en quelque temps que ce soit qu'elles aient lieu : d'où il résulte qu'une bonne jurisprudence, outre l'avantage de mettre un terme aux mécontentemens, deviendra la source d'une économie considérable pour le gouvernement, qui doit accorder des indemnités aux propriétaires, précisément en raison de la rigueur avec laquelle ils seront traités, puisque c'est de là que va dépendre la valeur de leurs propriétés.

Son Exc. le ministre de la guerre a paru croire jusqu'à présent que cette discussion étoit d'un foible intérêt, et qu'il s'agissoit tout au plus de quelques maisons de campagne autour de quelques places de guerre...... On pourroit répondre d'abord, qu'il n'y a rien de peu important quand il s'agit de principes, et de principes sur le droit de propriété, et que ceux qu'on établira dans cette circonstance-ci à l'égard de cette classe de propriétés, et la manière dont elles seront traitées, pourront fixer la jurisprudence à l'égard de toutes les autres, et montrer, dans diverses occasions, ce que les propriétaires peuvent avoir à craindre ou à espérer pour leur sûreté et leur garantie en cas d'entreprises arbitraires en cette matière.

Mais un aperçu plus juste suffit pour montrer que la question est encore assez majeure, indépendamment des principes.

Les géomètres savent fort bien quelle progression entraîne le prolongement d'un rayon, et le ministère de la guerre pourroit facilement calculer, par les sommes dues pour les démolitions faites dans le rayon de deux cent cinquante toises (malgré la réduction injuste qu'ont éprouvée presque toutes les liquidations), à combien peuvent se monter les indemnités qu'entraînera le prolongement du rayon des fortifications, si on persiste à l'exécuter. Si on se représente la quantité de maisons, de constructions diverses qui entourent les places de guerre dans toute la France, on se demandera bientôt si soixante, si cent millions pourront suffire aux indemnités légitimes (1). Outre cette perte, le gouvernement en souffrira une considérable dans la suite par la diminution des contributions (car il faut bien dégrever ces propriétés, presque toutes considérées comme de première classe dans les contributions), par la perte des droits de mutation, résultat nécessaire de leur avilissement (2). On ne parle pas même du dommage qu'en souffriront les

(1) Il est facile de voir ce que coûteroit seulement l'application de ces mesures autour de la forteresse de Vincennes, dont on a senti l'importance dans les dernières guerres, et qu'on paroît décidé à conserver.

(2) Ces propriétés, autrefois très-recherchées, éprouvoient les plus fréquentes mutations, et rapportoient, sous ce rapport, beaucoup plus au trésor que les autres.

villes et les garnisons pour leur approvisionnement, et sous beaucoup d'autres rapports (1).

Par toutes les considérations, qui ont été développées, et autres importantes sur lesquelles il est superflu d'insister, on espère de la sagesse et de la justice des conseils de Sa Majesté,

Qu'au cas où ils ne jugeroient pas plus convenable de maintenir purement et simplement le rayon des fortifications des places de guerre tel qu'il étoit établi et mesuré depuis des siècles, ils voudront bien considérer s'il n'est pas juste et légal de proposer à Sa Majesté de décider :

1°. Qu'il y aura lieu à indemniser les propriétaires situés dans le prolongement du rayon des fortifications, en proportion, soit des démolitions à faire, soit de la diminution de valeur éprouvée par leurs propriétés par suite de cette mesure ;

2°. Que ces indemnités seront évaluées et fixées contradictoirement avec les propriétaires, conformément à la loi du 16 septembre 1807, ou de telle autre manière qu'on trouvera convenable de fixer, et que s'il y a des contestations, elles seront décidées ou par les tribunaux ordinaires ou par le conseil d'Etat ;

3°. Que dans le cas où des propriétaires situés dans le rayon ne seroient pas contens des mesures

(1) Tout cela a été exposé dans le Mémoire de la ville de Besançon, adressé à Sa Majesté depuis long-temps, et que le ministre a laissé sans réponse, peut-être sans examen.

de tolérance que le ministre de la guerre jugera à propos d'établir, ou trouveroient que ces mesures influent trop à leur perte sur la fixation des indemnités, le gouvernement sera tenu d'acquérir leurs propriétés, en exécution de l'art. 51 de la loi du 16 septembre 1807 (1);

4°. Que le mesurage du rayon et le placement des limites seront faits de concert avec les autorités civiles, et les propriétaires entendus s'ils le demandent, sauf recours au conseil d'Etat en cas de dissentiment;

5°. Que les contraventions aux mesures de police établies à l'égard des propriétés situées dans le rayon des fortifications, seront jugées par les tribunaux compétens.

Il est évident que si ces mesures, qui semblent dictées par la raison et l'équité, et par la législation existante, sont adoptées, la fixation plus ou moins étendue du rayon des fortifications importera beaucoup moins aux villes et aux propriétaires; que, d'un côté, le ministre de la guerre se bornera à ce qui est strictement nécessaire pour l'intérêt des places de guerre, tandis que, de l'autre, les propriétaires et les villes n'auront aucune plainte à faire, et verront avec moins de peine l'augmentation de l'enceinte extérieure des fortifications et les

---

(1) Cet article, impératif et très-précis, est cité à la page 19, et il est évident que la défense de réparer et d'entretenir une maison équivaut au moins à la démolition d'une portion.

mesures de police qui y seront mises en vigueur. Ainsi, la lutte existante entre les villes et les propriétaires, et MM. les officiers du génie, sera sagement et définitivement terminée, en conciliant les principes du droit de propriété avec l'intérêt de l'Etat.

www.ingramcontent.com/pod-product-compliance
Lightning Source LLC
LaVergne TN
LVHW020307230826
846091LV00006B/2573

* 9 7 8 2 0 1 3 2 5 9 4 8 4 *